AF457211

NOTES

SUR LE

GOLFE DU MEXIQUE

ET LES MOUILLAGES

COMPRIS ENTRE

TAMPICO ET VERA-CRUZ;

PAR

J. A. GODET,

CAPITAINE AU LONG-COURS.

BORDEAUX.

IMPRIMERIE DE TH. LAFARGUE, LIBRAIRE,

RUE PUITS DE BAGNE-CAP, 8.

MDCCCLVI.

S. Exc. le Ministre de la Marine a fait examiner le travail du Capitaine A. Godet, par le Comité hydrographique, du dépôt des Cartes et Plans de la Marine qui, dans la séance du 30 Août 1855, a déclaré qu'il méritait d'être livré à l'impression.

AVANT-PROPOS.

La partie des côtes Mexicaines, comprise entre le parallèle de Tampico et celui de Vera-Cruz est, en général, terminée par une plage sablonneuse, dont une verdure toujours active fait ressortir la blancheur.

Les hautes montagnes qui, dans l'intérieur s'étendent sans interruption sensible du pic d'Orizava à la Sierra de San-Juan, ont (par un temps clair seulement) un aspect assez différent pour fixer, par un relèvement, la position du navigateur; mais ces rares moyens de corrections sont souvent insuffisants pour indiquer un mouillage à prendre, et parfois des navires guidés par une latitude d'une grande précision, ont laissé tomber l'ancre à plusieurs milles du lieu de leur destination, que n'indique du reste que bien faiblement, quelques cases qui disparaissent sous les arbres qui dominent la plage.

Les circonstances de notre navigation, nous ayant bien souvent ramené dans ces parages, nous avons recueilli, chaque voyage, des renseignements dont nous avons pu vérifier l'exactitude et nous les avons joints à quelques notes, prises sous l'influence de la nécessité.

En Juillet 1854, retenu près d'un mois en dehors de la barre de Tampico, nous avons eu la pensée de rassembler ces notes et ces renseignements nautiques et commerciaux, et le désir d'être utile à nos confrères nous a fait chaque jour consacrer quelques heures à ce travail que nous sommes heureux de leur offrir.

AVERTISSEMENT.

Les rivières de Tuxpan, Cazones, Técolutla, Nautla et Palmas (1) ne sont ouvertes qu'au commerce du cabotage, lequel est spécialement réservé aux navires du pays.

Néanmoins, après avoir déposé leur cargaison dans un port *habilitado* (ouvert), les bâtiments étrangers ont la faculté d'aller y prendre, (généralement en dehors des barres), un chargement de retour.

Ces chargements se composent ordinairement de Bois jaune, Salsepareille, Piment, Jalap, Cèdre et Vanille.

Ils sont livrés le long du bord par des chaloupes du port de huit à douze tonneaux, armées de treize hommes

---

(1) Il y a sur la même côte d'autres rivières que celles que nous désignons ; mais leur peu d'importance a empêché jusqu'à ce jour d'y créer des établissements

et qui peuvent faire de deux à quatre voyages par jour suivant l'état des barres.

Le Bois jaune scié des deux bouts sur une longueur de $0^m 60^c$ est très convenable pour l'arrimage ; au roulis du navire, les lancheros le jettent par un sabord sur le pont, qu'on doit soigneusement garantir.

La Salsepareille (1) est, en balles pressées, de 8 à 10 arobes, et le Jalap et le Piment sont en surons du même poids.

Le Cèdre est en billes de 3 à 4 mètres sur 40 à 70 centimètres, et la Vanille est renfermée en boîtes, dans des caisses dont la dimension est d'environ un douzième de tonneau.

Nota. Tous les relèvements dont il est fait mention dans ces notes, sont ceux du compas.

La déclinaison de l'aiguille aimantée est supposée de 8° 30' N.-E.

---

(1) Une balle de Salsepareille du poids de 10 arobes (113 K.os) égale, en encombrement, quarante centièmes de tonneau lorsqu'elle est régulièrement pressée.

Pl. I.

Latitude N^d 22.16.
Long^de Ouest 100.12.

BARRE DE TAMPICO. La Case des Pilotes, au O.S.O½ O^t du Compas. Mouillage 10 Brasses. Distance 2 Milles.

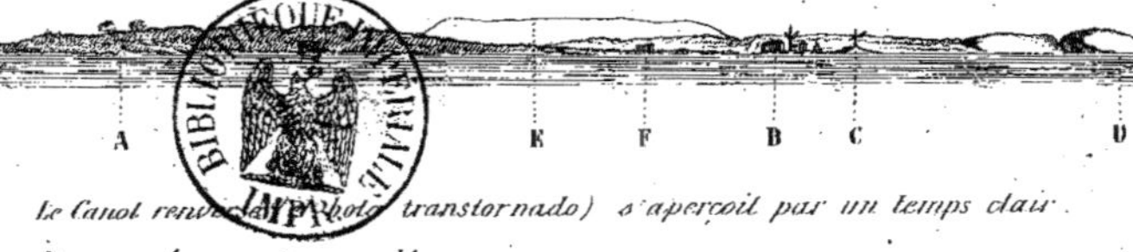

E *Le Canot renversé (Bote transtornado) s'aperçoit par un temps clair.*

A *Deux arbres remarquables.*

B *La Case des Pilotes (ou Etablissement de la barre) & le mat de Signaux à bras communiquant avec la ville.*

C *Le mat de Signaux, correspondant avec la rade (fanal).*

D *Terres blanches.*

F *Vieux mag. de la douane sur la rive droite.*

Signaux de Rade:

1°	Deux boules placées aux deux extrémités de la vergue	La barre croisée.
2°	Une boule à l'extrémité Nord	Le canal de la barre est du côté du Nord et est en bon état.
3°	Une boule à l'extrémité Sud	Le canal de la barre est du côté du Sud et est en bon état.
4°	Une boule au milieu de la Vergue	Le canal de la barre est dans le milieu et est en bon état.
5°	Deux boules l'une sur l'autre	Si le navire à besoin de vivres
6°	Deux boules à l'extrémité Sud	Si le navire à besoin d'eau douce

Si le Navire avait effectivement besoin de ce qu'on lui propose, il répondrait en hissant le pavillon national à la partie du Navire la plus élevée vers la proue.

NOTES

SUR LE

GOLFE DU MEXIQUE

ET LES MOUILLAGES

COMPRIS ENTRE

TAMPICO ET VERA-CRUZ.

TAMPICO.

Barre de Tampico. (*Pl. I.*)

La direction de la barre de Tampico éprouve de fréquents changements et l'eau qu'on y trouve, varie de 9 à 11 pieds anglais; elle creuse dans la saison des pluies (de Juillet en Novembre), se maintient ainsi plusieurs mois, et il y a généralement moins d'eau en Mai et Juin (1).

Dans les mois pluvieux, les *crescientes* occasionnent un courant assez violent pour empêcher le travail des allèges, et les navires sont retenus hors de la barre.

Sur la rive gauche du fleuve, sont établis deux mâts de signaux : celui d'en dedans correspond au moyen de bras avec la ville; le deuxième, qui est surmonté d'une petite vergue, communique avec la grande rade, au moyen de boules noires : chaque soir, on y allume *un fanal* dont la portée est de cinq milles.

---

(1) A l'époque des syzygies, nous avons remarqué une différence de 0m 7 entre les niveaux de basse et de haute-mer : nous prenons la moyenne de cette quantité.

Reconnaissance. Dans le Nord de la rivière, la côte est aride et hâchée avec l'apparence de dunes blanchâtres, tandis que dans le Sud, la verdure se prolonge presque jusqu'à la mer, sur un terrain assez régulier et un peu plus élevé.

On profite de cette remarque à une grande distance dans l'Est; et, ce n'est qu'à 3 ou 4 milles de terre, qu'on distingue à la longue-vue, les mâts de signaux et quelques cases qui indiquent l'entrée de la rivière.

Mouillage. On a toujours le pilote avant d'être au mouillage si la mer est passable ; il est même convenable de l'attendre à la voile par 17 mètres, si on aperçoit son embarcation, parce qu'il est possible que le navire n'ait pas besoin d'alléges.

Si la barre est croisée, c'est-à-dire impraticable, on peut mouiller par 15 à 17 mètres dans l'E.-N.-E. d'un des mâts signaux : le fonds est de vase et la tenue excellente.

Alléges. Les alléges sont de grandes chaloupes comme celles de la côte, et qui prennent en encombrement le volume de 400 caisses de 12 bouteilles ; elles sont préservées par une ceinture extérieure, ce qui oblige à avoir des défenses longues et assez élevées pour ne pas être *capelées* au roulis : elles *livrent leur chargement à Tampico*, et sont généralement à la charge de la marchandise.

Précautions sur la barre. Il arrive fréquemment qu'après avoir passé la barre, le gouvernail est impuissant ; cette circonstance est occasionnée par les remous et la rapidité du courant à l'entrée du fleuve, qui est très-étroite ; elle tient aussi à ce que généralement les navires qui allègent, ne sont plus en tonture, il est alors prudent de mouiller avant d'être en travers et d'élonger une ancre à jet dans la direction qu'on doit suivre, si elle n'a pas été préalablement préparée par les soins de l'établissement.

Note. En règle générale, les pilotes indiquent seulement la direction que doit suivre le navire, et laissent aux soins du

Pl. II.

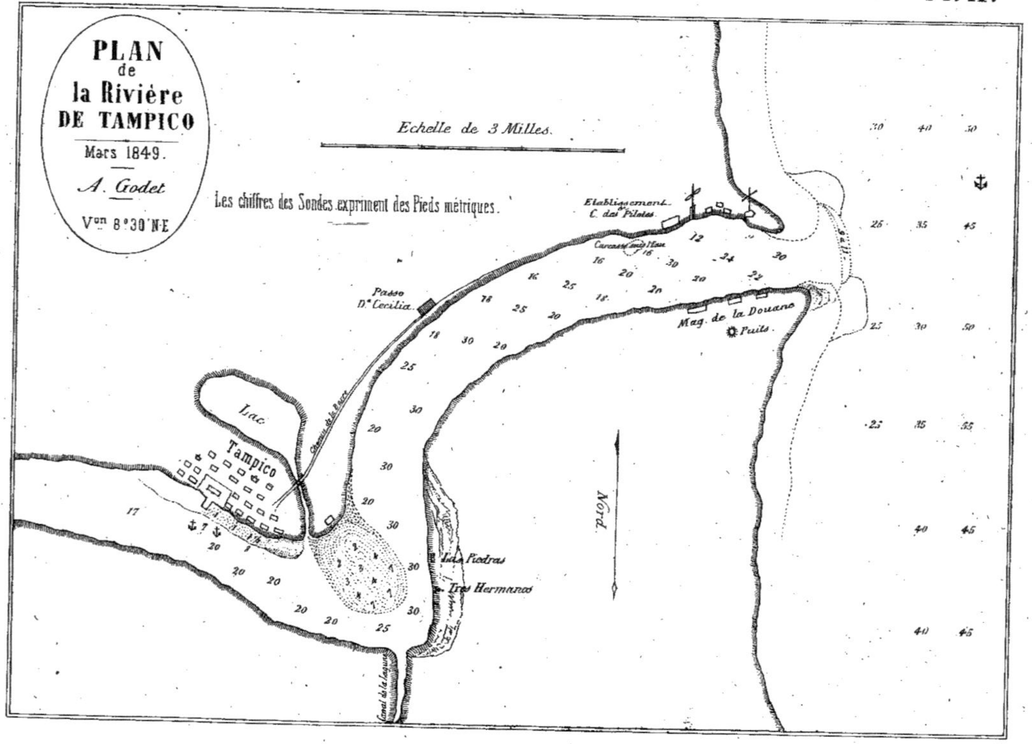

PLAN de la Rivière DE TAMPICO

Mars 1849.

A. Godet

Von 8°30' N.E

Echelle de 3 Milles.

Les chiffres des Sondes expriment des Pieds métriques.

Etablissement C. des Pilotes

Passo Da Cecilia

Mag. de la Douane

Puits

Lac

Tampico

Las Piedras

Tres Hermanos

Canal de la laguna

Nord.

capitaine, l'exécution de la manœuvre qu'ils supposent nécessaire pour aider l'impulsion du gouvernail.

Un pilote n'est pas nécessaire pour monter devant la ville, située à environ 5 milles; l'unique précaution à observer est de ranger la rive droite en élargissant un peu pour éviter les pointes.

De la barre à Tampico. (*Pl. II*).

Avec les vents ordinaires, il est rare qu'ils ne refusent pas par le travers du morne dit *Las Piedras*, mais on le double souvent en ralingue. Si on ne pouvait le faire, il faudrait bien se garder de laisser porter, malgré la largeur de la rivière en cet endroit; et, le plus convenable, serait de mouiller, ou d'apporter sur un arbre, une légère et bonne amarre qu'on pourrait préparer à l'avance pour se touer.

Il existe trois arbres très-rapprochés, nommés *Tres hermanos* qui servent d'amers pour ce passage.

Après avoir doublé, on continue à serrer le vent, jusqu'à l'entrée d'un petit canal qui conduit à la lagune de *Pueblo-viejo;* puis on peut laisser arriver sur les navires et prendre le mouillage que l'on désire.

On est dans l'usage de s'approcher autant que possible du môle de débarquement.

Pièces à fournir à l'arrivée.

Les pièces à fournir à l'autorité maritime et à la douane, sont :

1.° La patente sanitaire;

2.° Une note indiquant le nom du navire, celui du capitaine et du consignataire, le lieu de départ, la jauge officielle, le nombre d'hommes composant l'équipage et celui des passagers;

3.° Les passeports des passagers (s'ils obtiennent l'autorisation de quitter le navire avant l'entrée);

4.° Le sac aux lettres;

5.° Le manifeste adressé au Directeur des Douanes par le Consul;

6.° Une note de provision sur laquelle figurent le nom des passagers, et le nombre des malles qui leur appartiennent (1).

7.° Un deuxième manifeste visé par le Consul. (Arancel, art. 62).

Toutes ces pièces, à l'exception des deux dernières, doivent être remises au pilote lorsque le navire mouille en dehors pour alléger.

Débarquement. Le déchargement s'opère au moyen de pirogues, depuis le lever du soleil jusqu'à une heure après midi ; les panneaux sont scellés par la Douane jusqu'au lendemain au moment du travail ; un officier du Resguardo, séjourne à bord pendant toute la durée de l'ouverture des panneaux, ainsi que dans le trajet de la barre à Tampico.

Les mêmes formalités sont souvent observées pendant le chargement.

On ne doit pas débarquer les ballots contenant des matières inflammables sans en prévenir l'officier préposé au déchargement.

Lest. Les navires prennent leur lest au bas de la rivière, vis-à-vis la case des pilotes ; il est de sable fin et n'exige aucun débours. Étant mouillé près de terre, on peut accoster le rivage au moyen d'amarres et y jeter un pont volant.

Eau et bois. On fait l'eau, soit à quelques milles, dans le haut de la rivière, soit dans des citernes particulières ; mais il est préférable de l'acheter aux *aguadores* qui la livrent le long du bord à 2 réaux la barrique bordelaise.

En dedans de la barre et près des magasins de la Douane, il y a un puits dont l'eau est passable.

---

(1) L'omission de six colis quelconques dont la valeur n'excède pas 500 piastres, entraîne la confiscation des objets et une amende de 500 piastres ; dans tout autre cas, l'amende est de deux fois la valeur des objets non déclarés.

Le bois est très-abondant et on pourrait faire aisément sa provision sur le rivage, sans l'humidité dont il est imprégné ; il se vent ordinairement 1 réal $^1/_2$ à 2 réaux la charge (72 morceaux). Il est coupé en morceaux d'environ 0^m,80 de longueur, on en trouve toujours à la maison dite : *Passe de Dona Cecilia* qui est à mi-distance de Tampico à la barre.

Vivres.

Les vivres sont en général à bon marché ; 2 réaux de viande fraîche suffisent à la nourriture d'un équipage de 12 hommes. Le poisson, le chevreuil, le gibier, les tortues, la volaille, sont aussi à bon marché ; mais le pain, le vin, le saindoux, les pommes de terre et même le sucre (2) et le café, sont très-chers.

Le prix de l'aguardiente du pays varie de 9 à 11 piastres le baril de dix veltes.

Frais.

Les frais auxquels sont sujets tous les navires étrangers, pourront être déduits de ceux qui ont été affectés à notre navire Fanny-Louise, ayant une jauge officielle de 173 tonneaux.

	Piastres.	
Droit de tonnage, 198 tonneaux, à 1 P. 50.	297	»
Patente sanitaire.	10	»
Papier timbré pour ouvrir le régistre.	8	»
Pilotage (entrée et sortie), 8 P^i 75 à 5.	43	75
Bateau du pilote à l'entrée et à la sortie.	12	»
Honoraires du capitaine de port.	3	50
Au consulat français pour expédition, etc.	15	50
Total.	389	75

Commission de recouvrement 2 pour cent.

(2) Il y a cependant un sucre dont on fait l'aguardiente et qui peut servir pour l'équipage. Ce sucre est en petits pains et à bon marché ; on l'appelle dans le pays : *piloncille*.

TARIF DE L'ÉTABLISSEMENT DE LA BARRE DE TAMPICO.

1.° Chaque navire se faisant remorquer par le bateau à vapeur, soit pour l'entrée, soit pour la sortie, payera 25 piastres, soit que le remorquage ait lieu depuis en dehors de la barre, jusqu'au mouillage devant la ville, soit qu'il n'ait lieu que d'un point intermédiaire.

2.° Chaque embarcation d'allège depuis en dehors de la barre jusqu'à l'établissement sera payée 28 piastres; et, si le bateau à vapeur, remorquait en même temps, le navire et ses allèges jusqu'au devant de la ville, il serait perçu 5 piastres de plus par chaque embarcation.

Dans tout autre cas, il sera perçu 10 piastres pour la conduite de chaque embarcation, depuis la barre jusque devant la ville.

3.° La charge d'une chaloupe déposée dans les magasins de l'établissement, payera un magasinage de 10 piastres sans autre droit (1).

4.° Lorsqu'une chaloupe sera sortie pour alléger un navire et que par la faute du capitaine de ce navire, elle n'aura pu effectuer son chargement, il sera perçu la moitié du droit fixé par l'article 3; mais si la chaloupe sortie ne pouvait charger, soit à cause du mauvais temps, soit par tout autre cause indépendante du navire, ce qui précède ne serait pas applicable, c'est-à-dire, qu'il ne serait rien perçu par l'établissement.

5.° Tout navire qui sera dans la nécessité d'alléger pour sortir, aura à payer 20 piastres par chaque embarcation d'allège.

---

(1) Il est donc préférable, puisque le prix du transport et celui du magasinage sont similaires, de faire opérer le déchargement à Tampico: on évitera ainsi le réembarquement de la marchandise. (*Note du traducteur*).

6.° La même somme de 20 piastres sera perçue pour chaque embarcation de lest qui serait apportée à un navire mouillé en dehors de la barre.

7.° Chaque passager du Packet anglais aura à payer pour son débarquement jusqu'au devant de la ville, la somme de 2 piastres pour lui, et de 4 réaux par colis, pour ses effets.

Même somme sera perçue par chaque passager à l'embarquement.

8.° Pour une embarcatiou de quatre rameurs, envoyés exprès à un navire mouillé en dehors de la barre, et qui ne porterait aucune charge, soit en allant, soit au retour, il sera perçu une somme de 15 piastres, si la chaloupe s'arrête en dedans de la barre; et de 20 piastres, si elle vient jusque dans la ville.

Si L'embarcation était de plus de quatre rameurs, la somme fixée ci-dessus serait augmentée de 4 piastres par chaque rameur de plus.

9.° Si l'agent de la ligne des paquebots anglais, se trouvait dans le cas de réclamer les services de l'établissement, il aurait à payer la somme de 30 piastres pour une embarcation qui sortirait pour aller chercher la correspondance, et une somme égale pour une embarcation qui sortirait pour porter la correspondance à bord du packet.

10.° Pour le débarquement du mercure, et l'embarquement d'argent, soit dans le bateau à vapeur, soit dans les embarcations, il sera perçu 45 piastres par embarcation depuis en dehors de la barre jusque devant la ville et *vice-versâ*.

11.° Pour lever une ancre en dehors de la barre, lorsque cette ancre aura sa bouée, il sera perçu 40 piastres; et, dans le cas où pendant l'opération, l'orin manquerait, il sera perçu la moitié de la somme désignée : soit 20 piastres. Si, plus tard l'intéressé voulait la faire chercher, il sera fait avec lui un arrangement basé sur le nombre d'embarcations et d'hommes employés.

12.° Tout navire qui, à son entrée ou à sa sortie resterait échoué sur la barre, aura à payer pour les secours qu'on lui fournirait :

1.° Par chaque ancre à jet élongée, soit que cette ancre soit amarrée d'un grelin ou d'une chaîne : 38 piastres.

2.° Pour les hommes dont il aurait besoin pour travailler à bord : 3 piastres par jour et 4 piastres par nuit, par chaque matelot et le double à chaque patron ;

13.° Tout navire qui s'échouera sur la côte et qui voudra effectuer son déchargement, aura à payer aux hommes de mer le prix fixé dans la deuxième partie de l'article qui précède ; et si, en outre des hommes, il employait des embarcations, il sera perçu 15 piastres par jour et par embarcation. Il reste convenu, que, si par suite des secours portés, une ou plusieurs des embarcations de l'établissement éprouvait quelques avaries, le navire qui les aurait motivées en payera la réparation.

Le présent tarif ayant été approuvé par ordre du Gouvernement suprême, en date du 2 Septembre dernier, transmis à ce Comité par le Ministère des Finances, il est publié et porté à la connaissance du public.

Tampico, 8 Janvier, 1853.

Société d'Amélioration de Tampico,

Ce Comité dans sa séance du 2 courant,

Prenant en considération que, dans le tarif publié dans cette ville pour le service de la barre, quelques cas qui peuvent se présenter n'ayant pas été prévus, et qu'il est nécessaire de les signaler en fixant pour chacun le prix qui lui correspond, a arrêté ce qui suit :

Pour élonger une ancre en dehors de la barre, si l'embarcation est sortie dans ce seul but, il sera perçu 20 piastres.

Pl. III.

Cap Rojo.

Lobos au [illegible]**.S.O ½ O.** Distance 5 milles

San Juan au **O.S.O** prise à 12 milles dans l'Est de Lobos.

A. Godet.

Pour élonger une ancre en dehors de la barre, quand l'embarcation de l'établissement sera en dehors et ne sera pas sortie exprès, il sera percu 15 piastres.

Pour élonger une ancre dans la rivière, il sera perçu 10 piastres.

Pour le remorquage d'un navire par une embarcation, pendant qu'il n'y aura pas de vapeur, il sera perçu 25 piastres.

Tampico, 14 Mars, 1853.

Signé : F. Mosquera, D. Camacho.

Tampico-alta.

A environ 10 milles au S.-S.-E. $^1/_2$ E. de la barre, on aperçoit au-dessus de la langue de terre qui sépare la Laguna de Tamiagua de la mer, l'église de Tampico-alta qui apparaît de loin, sous la forme d'une ligne blanche; de là, la côte court au S.-E. $^1/_2$ E. jusqu'à la pointe Jerez située à 20 milles, et elle suit la même direction pendant 18 milles jusqu'au cap Rojo.

Caps Jerez et Rojo.

Remarque.

Entre le cap Jerez et Tampico-alta la terre a de loin l'apparence d'ilots séparés, sur lesquels on remarque quelques taches blanches et triangulaires; elle se détache bien des terres intérieures de la Laguna. C'est une bonne reconnaissance pour l'atterrage de Tampico par le Sud. De Jerez au cap Rojo, la côte est plus aride, mais on ne pourra jamais la confondre avec celle du Nord de la rivière de Tampico, en observant sa direction.

Lobos.

(1) Lat. N. 21° 26'. Long. O. 99° 35'

A 9 milles environ du cap Rojo et au S.-E. $^1/_4$ S., est la petite île de Lobos; cette île est plate, défendue dans toutes ses parties par un banc de roches qui s'en écarte à une en-

(1) Cette latitude est déduite d'une observation précise faite en vue de l'île; la longitude provient d'un excellent chronomètre, parfaitement réglé sur la zone de Tampico dont nous supposons la longitude de 100° 12'.

câblure dans le Sud et un peu plus au Nord. A un petit mille de terre et du Sud à l'Ouest, on y trouve un bon mouillage par 26 mètres.

Les roches qui cintrent cette île, laissent de petits passages aux embarcations et brisent le ressac qu'on ne ressent presque pas en dedans. Elle est inhabitée, couverte d'oiseaux aquatiques; et, à un mille et demi de circonférence, elle s'aperçoit d'environ 9 milles. On y remarque plusieurs arbres qui dépassent les broussailles dont elle est couverte.

Basse de Blanquilla.

Au N.-N.-O. 1/2 Ouest et à 6 milles de l'île Lobos, se trouve la basse de Blanquilla, dont les brisants s'aperçoivent de loin; entre cette dernière et Lobos, il y aussi une autre basse plus petite, qui brise continuellement. Ces deux basses laissent entre elles et la côte un passage d'environ 3 milles 1/2, mais il ne faut pas trop accoster le cap Rojo à cause d'une petite chaîne de roches qui s'en écarte à quelques encablures dans l'E. 1/2 S.-E.

Il y a aussi un bon passage entre ces basses et l'île de Lobos.

Barre de Tanguyo.

La barre de Tanguyo est située par 21° 10' latitude Nord et ne peut être franchie que par des pirogues; l'entrée de la rivière est très-peu remarquable, même à la distance de 2 milles, elle joint la lagune à la mer, vis-à-vis le village de Tamiagua, qui fait un grand commerce de camarones et de salsepareille.

Basse de Tanguyo.

A environ 4 milles de la barre de Tanguyo et par la même latitude, est la barre du même nom; elle a, à peu près un demi mille de diamètre et nous n'y avons remarqué que des arbres déracinés qui y étaient apportés par la mer et les courants.

Basse de Tuxpan.

A 8 milles, dans le S.-E.. se trouve la basse de Tuxpan; elle a, à peu près, le même diamètre que celle de Tanguyo, mais elle est couverte de récifs.

Pl. IV.

Lat.^e Nord 20.58.
Long.^e O.^t 99.38.

BARRE DE TUXPAN, l'Etablissement au S.O. du Compas, Distance 6 milles.

pris à la voile à 2 milles sous le vent des récifs de Tuxpan.

A C B D

Sn Juan.

A. Godet.

A *Hauteur de Tumilka.*

B *l'Etablissement de la barre. (Case).*

C *Petite hauteur qui est cachée par Tumilka en venant du sud.*

D *Las dos mamilas.*

Entre ces deux basses est celle del Medio qui est beaucoup plus petite et sur laquelle on remarque aussi quelques arbres déracinés qui, de loin, ont l'apparence de récifs.

Basse del Medio.

Toutes ces basses laissent, non-seulement entre elles, mais entre elles et la côte, des passages sains et profonds qui facilitent la navigation du cabotage; elles offrent, comme l'île Lobos et du Sud à l'Ouest, d'excellents mouillages, par 15 à 16 mètres.

La barre de Tuxpan a moins d'eau que celle de Tampico; cependant le navire français, *Marie-Elisabeth* jaugeant 160 tonneaux, la franchit lors du blocus américain, en 1846.

Barre de Tuxpan. (*Pl. IV.*)

Elle est généralement assez belle, la mer étant en partie brisée par les basses qui l'avoisinent; mais elle grossit aussi promptement qu'elle tombe.

La rivière de Tuxpan est d'une belle largeur, saine dans toutes ses parties jusque devant la ville, située à 6 milles sur la rive gauche de son embouchure; elle reçoit un grand nombre de goëlettes et fait avec Campêche, d'où l'on rapporte du sel, un commerce assez régulier.

La hauteur de Tumilka est une parfaite reconnaissance; le mouillage de la barre est à peu de distance au N.-E. $\frac{1}{2}$ N. de la partie la plus élevée.

Reconnaissance.

En venant du Sud à l'Est, cette hauteur apparaît sous la forme d'un coin, qui diminue d'élévation vers le Sud.

La plage dans le Nord de la rivière est basse jusqu'à la pointe de Tanguijo; au-dessus d'elle et dans le O. $\frac{1}{4}$ N.-O. $\frac{1}{4}$ N.-O., on aperçoit la Sierra de San-Juan.

Ce mouillage (1) le plus fréquenté de la côte, est à un mille et demi de l'entrée, par 14 mètres, fond de vase; la case de l'établissement, au S.-O. $\frac{1}{4}$ O. Il se prend sans pilote.

Mouillage de la barre.

(1) L'ancre qui est marquée sur les plans dans le S.-S.-O. de la basse, n'indique pas le mouillage des navires du commerce.

Les lancheros *insistent* souvent pour qu'on s'approche davantage de terre dans le S.-E., afin de profiter de la brise de terre et de celle du large dans leur trajet de terre; nous conseillons de ne le faire *qu'avec prudence*, ou mieux, de ne pas le faire, parce qu'en avançant dans le Sud, on rencontre par le travers de la rivière un plateau de sable où, à égale distance de terre, il y a bien moins d'eau, la tenue est moins bonne et la mer plus grosse: on est aussi moins bien disposé pour l'appareillage.

Remarques. Ce plateau a sans doute donné lieu à la basse qui est portée sur la plupart des plans anglais et français entre la rivière et les récifs de Tuxpan. Il y a aussi une autre basse portée sur les mêmes cartes, dans le Sud-Est de la première et *qui n'existe pas davantage;* nous avons louvoyé fréquemment sur cette dernière position, et la sonde indique le même fond qu'à pareille distance de la côte : soit à quelques milles au Nord, soit au Sud.

Cette remarque que nous avons signalée au dépôt des cartes et plans de la marine en 1848, est consignée dans les *Annales hydrographiques.*

Lanches de chargement. Les consignataires qui sont ordinairement prévenus de l'arrivée d'un navire, envoient à bord une première lanche toute chargée : on ne devrait cependant éprouver aucune inquiétude si en prenant le mouillage vers le milieu de la journée, on ne recevait pas d'embarcation, le lendemain au point du jour, on distinguerait celle qui serait partie, vers minuit ou deux heures de Tuxpan.

Cette mesure qui est souvent tolérée par la Douane, offre au capitaine l'avantage de profiter d'une première embarcation pour aller sans frais et sans distraire une partie de son équipage, faire sa déclaration; si sa présence était nécessaire à bord, il devrait remettre au patron de la lanche:

Pièces à fournir à l'arrivée. 1.° La patente sanitaire;

2.° Le certificat constatant que le navire a acquitté les droits de tonnage dans un port *habilitado*.

Si par une faveur qu'on accorde quelquefois, le navire avait pris du chargement dans le port d'où on relève, il faudrait produire le manifeste qu'on nomme *el registro*, ainsi que les permis d'embarquement; cette pièce est scellée par la douane et ainsi adressée : *Despacho del buque N.....*

Les navires sont expédiés directement d'un port *habilitado*, touchant à un point de la côte pour y prendre ou y compléter son chargement. Note.

La première lanche s'arrête souvent en dedans de la barre et prend son chargement sur la plage où il est apporté de la ville par des pirogues; pour se rendre à Tuxpan, il faut avoir recours à une petite pirogue qu'on paye ordinairement une piastre. De la barre à Tuxpan.

La rivière, comme nous l'avons déjà dit, est d'une belle largeur, mais comme toutes celles de la côte, étroite à son entrée; à l'exception de huit à dix cases qui entourent l'établissement, on ne remarque que quelques *ranchos* dans le trajet de la barre au village. A environ un demi mille de son embouchure, est le passage qui réunit la lagune de Tamiagua à la rivière.

A un mille et demi de Tuxpan, la rivière forme un coude assez prononcé au lieu nommé *La Peña*; de là on aperçoit le village dont l'aspect est des plus pittoresque. Dominé par deux hauteurs (Ceros) dont la plus éloignée est couronnée de quelques arbres et d'une croix; et l'autre, d'une ruine et d'une charpente qui sert de vigie et d'où l'on découvre les navires au mouillage, il présente un de ces beaux sites dont la nature est rarement prodigue.

Malgré qu'il soit bien préférable de faire sa provision d'eau douce à Tampico ou à Vera-Cruz, si on était dans la nécessité d'en faire à Tuxpan, on devrait mettre une barrique vide Eau et bois.

dans chaque lanche qui retournerait à terre. Le prix de la barrique ainsi rendue est de 4 réaux.

On obtient du bois à brûler au même prix qu'à Tampico ; mais on est exposé à payer fort cher une embarcation pour l'apporter à bord (1).

Vivres. Les vivres sont comme à Tampico, à bon marché; la volaille et les œufs y sont préférables. Il y a marché tous les Dimanches matin seulement ; mais, tous les jours, les lanches de chargement peuvent, si l'ordre leur en est donné, apporter de la viande fraîche ou du poisson.

Frais. (2) Les frais à Tuxpan sont presque nuls ; ceux de la *Fanny-Louise* s'élevaient comme suit :

Honoraires du Capitaine de port . . . . 3^p 50
Expédition consulaire. 4 »

Frais extraordinaires. Une lanche pour aller à bord en dehors de la barre, se paye 15 piastres.

Le canot du pilote, armé de 4 hommes, 11 piastres.

NAVIGATION DE TAMPICO A TUXPAN.

Cette navigation n'offre aucune difficulté dans la saison des Nords, parce que l'unique précaution consiste à s'élargir le plus promptement possible et à prendre le mouillage en rangeant la basse de Tuxpan dans le Sud afin, s'il est nécessaire, d'y attendre à l'ancre la fin d'un Nord. Mais de la fin d'Avril

---

(1) Nous engageons nos collègues à ne franchir les barres dans leurs embarcations, que lorsqu'ils auront la certitude de le faire sans danger. Bien souvent, du mouillage, elles paraissent pratiquables, et on est étonné de se trouver instantanément parmi des brisants qui ne permettent pas toujours de virer de bord.

Nous avons toujours préféré la plage dans le cas d'absolue nécessité.

(2) Nous supposons que le régistre de chargement a été déjà ouvert ; s'il n'en était pas ainsi, on aurait une augmentation de frais de 8 piastres. (*Voyez* Frais à Tampico).

jusqu'en Octobre, on est exposé à éprouver des séries de vent de S.-E. tellement constantes, que des navires ont été plusieurs semaines à remonter jusqu'au cap Rojo et d'autres drossés par les courants, ont après plusieurs jours de navigation, repris le mouillage de la barre de Tampico pour y attendre un changement de temps.

Dans cette saison, nos traversées, de Tampico à Tuxpan, ont rarement excédé cinq fois 24 heures, en exécutant la manœuvre suivante, qui est généralement observée par les navires du pays.

Lorsque nous prenions la mer avec un commencement de série et une brise fraîche, nous prolongions toujours la bordée du large; n'étant pas encore à la nuit à une grande distance de terre, nous profitions des variations de la brise qui nous adonnait un peu et le lendemain, nous nous trouvions à environ 30 à 35 lieues dans le N.-E. (du compas) de la barre, hors de la violence des courants et sur la limite des vents alizés qui dépendaient moins du Sud. Nous prenions alors B. amures, et le jour suivant dans l'après-midi, nous apercevions l'île de Lobos ou la basse de Blanquilla. Première circonstance.

Dans ces deux cas, si l'heure nous permettait de passer, avant la nuit, soit entre Lobos et la basse d'el Medio, soit entre Blanquilla et le cap Rojo, nous gouvernions sur ces passages et à la sonde, nous pouvions, malgré l'obscurité, continuer notre route et mouiller à bout de bord par 23m.

Dans la nuit, si la brise de terre avait lieu et si la distance qui nous séparait de Tanguijo, nous permettait de le faire, nous mettions à la voile et au moment du changement de brise, nous étions dans le voisinage de la basse. Nous serrions alors le vent par une mer presque plate et la bordée nous conduisait devant Tuxpan; dans le cas contraire, notre ancre était toujours parée et nous attendions, au mouillage, une nouvelle brise de terre par 16 mètres de fond.

Nous ne conseillons le passage de Blanquilla *au plus près*, qu'à ceux de nos collègues, parfaitement sûrs de leur navire; car il y a, nous l'avons déjà dit, une petite chaîne de roches qui s'écarte du cap Rojo ; quant à celui de l'île de Lobos, il est indispensable de le pratiquer, parce que si pour doubler l'île on changeait d'amures, loin d'y parvenir, on serait violemment entraîné dans le Nord, par les courants. Du reste, il est rare que la brise n'adonne pas en dedans, et comme nous faisons la supposition qu'on veut prendre le mouillage, en passant au vent, on devrait laisser arriver un peu : ainsi cela revient absolument au même.

Remarque. essentielle.

Il convient de passer aussi près de Lobos que le permet la sonde, à cause des rayons du soleil, dont la direction empêche, quelquefois, de distinguer parfaitement les brisants de la basse d'el Medio, surtout par une mer qui n'est pas houleuse.

Nous *signalons bien sérieusement* cette circonstance dont plusieurs navires ont failli être victimes.

Si on était surpris par la nuit avant d'avoir donné dans les passages que nous venons d'indiquer, ou bien si la bordée ne permettait pas de les tenter, il ne faudrait pas louvoyer à petits bords, mais continuer la bordée du large jusqu'au lendemain où on reprendrait babord-amure.

Deuxième circonstance.

Vers la fin d'une série de vent de Sud-Est, dont la durée, est de trois ou quatre jours, la brise de terre, s'établit quelquefois dans la nuit, elle dure jusqu'à neuf heures; et, vers midi, elle souffle du large, de l'E.-N.-E. à l'E.-S.-E.

On comprend aisément tout le parti qu'on pourrait tirer de ce changement de brise, en prenant la mer au point du jour et en s'élargissant un peu, si les courants tombaient avec le vent; mais il n'en est pas ainsi, on n'éprouve souvent aucune interruption entre deux séries consécutives.

Dans cette circonstance, nous jetions l'ancre tous les soirs

Pl. V.

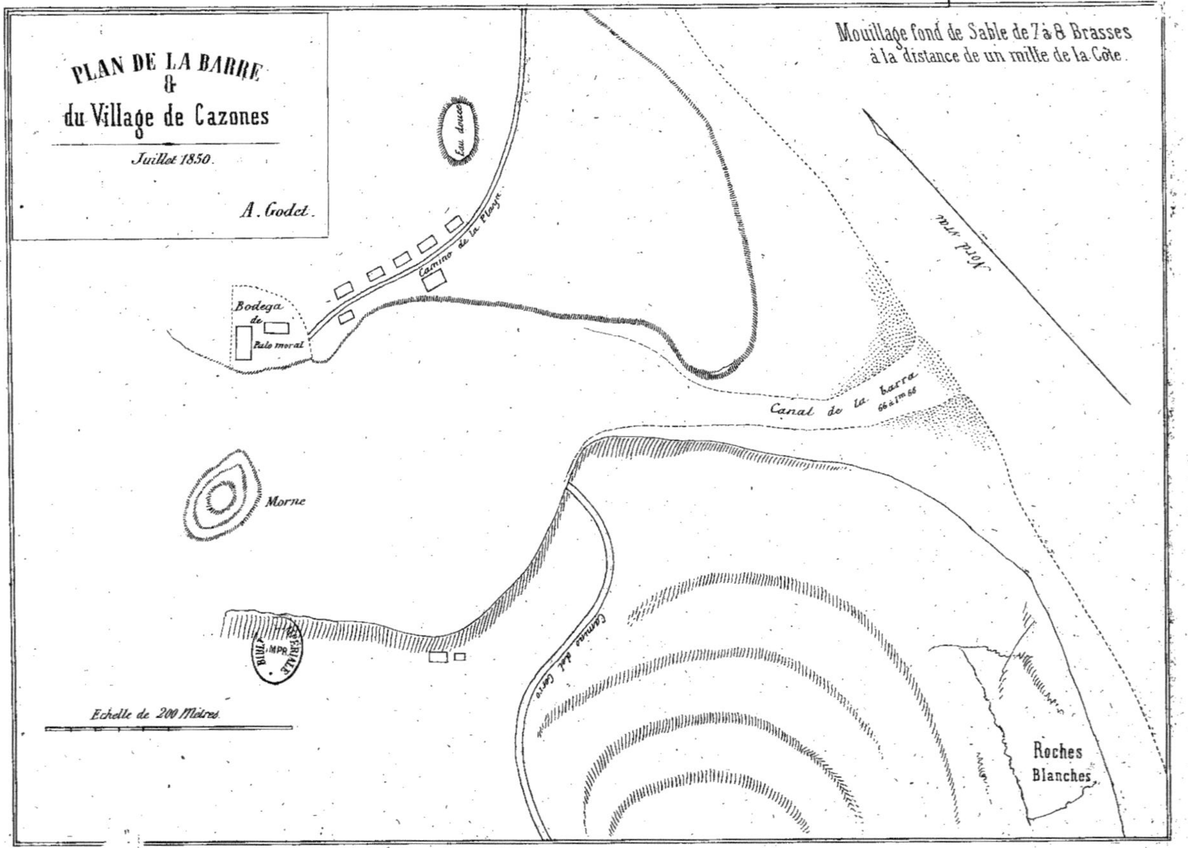

PLAN DE LA BARRE & du Village de Cazones

Juillet 1850.

A. Godet.

Mouillage fond de Sable de 7 à 8 Brasses
à la distance de un mille de la Côte.

Nord vrai

Eau douce

Camino de la Playa

Bodega de Palo moral

Canal de la barra
66 à 1m 66

Morne

Camino del Cerro

Roches Blanches

Echelle de 200 Mètres.

à bout de bord par 16 mètres, sans serrer nos voiles majeures, et nous profitions des premières fraîcheurs de la brise de terre pour appareiller.

Lorsque la brise de terre (ou *Terral*) est assez fraîche dans la matinée, on doit présumer qu'elle soufflera du N.-E. dans l'après-midi. Si elle a lieu, de gros nuages s'amoncelleront sur la terre, et dans la nuit, les vents passeront à l'O. et O.-N.-O., parfois avec des grains et de l'orage. Ce mauvais temps se termine ordinairement par un petit Nord de 12 à 24 heures que les marins de la côte nomment *chocolateros*.

Dernière circonstance.

La manœuvre dans cette dernière circonstance est subordonnée au temps qu'il fait et à la route qu'on doit suivre, pour se trouver à la fin du mauvais temps en mesure de prendre aisément le mouillage, même avec des vents de S.-E.

Observations.

Les passages dont nous avons parlé, quoique fréquentés par des navires du pays, ne doivent être pratiqués que lorsqu'il est nécessaire de le faire pour faciliter sa navigation, et c'est dans cette hypothèse que nous les avons conseillés, car nous avons toujours préféré prendre directement le mouillage en passant en dehors des basses, lorsque les vents nous ont permis de le faire.

Les *chocolateros* changent rarement la direction du courant qui s'affaiblit néanmoins graduellement.

Sierra de San-Juan.

La vue de la Sierra de San-Juan, pouvant être utile pour les relèvements, nous la joignons à nos plans en garantissant l'observation du *Derrotero* espagnol, qui fait remarquer que San Juan est au Sud, 65° Ouest (du monde) de la basse de Blanquilla.

Cazonés. (*Pl. V.*)

La petite rivière de Cazones, située par 20° 36' de lat. N., est désignée sur les plans sous le nom *Boca Tehones*.

Les navires étrangers relèvent souvent de Tuxpan pour aller prendre, en dehors de la barre de cette rivière, qui ne reçoit que de petites lanches, un chargement de bois de teinture ou de cèdre.

Le village construit à peu de distance de l'entrée, sur la rive gauche, n'est composé que de quelques cases; du même côté et un peu plus loin, on a élevé deux *bodegas* (hangards), pour y recevoir le bois jaune.

Reconnaissance. La côte, en venant du Nord, forme une petite baie, bien prononcée, au fond de laquelle on remarque des roches blanches, ayant de loin l'apparence d'une embarcation à la voile : la barre est à une demi encâblure au Nord de ces roches.

La direction de la rivière suit, à l'entrée, le N.-O. $^1/_4$ O., ce qui empêche de la distinguer du mouillage.

Avec beaucoup d'attention on peut remarquer, au-dessus de la plage, un morne qui s'élève au milieu de la rivière un peu dans le Nord des roches, dont nous venons de parler, et sur la plage même, parmi les arbres, la toiture de quelques cases du village.

Lorsqu'on vient de Tuxpan, si l'on n'est pas trop éloigné de terre, le coude que forme la côte, a l'apparence d'une pointe ronde, parfaitement découpée et qui ne disparaît que

Mouillage. lorsqu'on est par son travers; le mouillage est à un mille au S.-E. $^1/_4$ E. de cette pointe par 13 à 14 mètres, fond de sable fin : on se trouve ainsi éloigné d'un grand mille de la côte.

Chargement. Le chargement se fait au moyen de lanches dont le port n'est que de 100 quintaux environ; lorsque la santé de l'équipage ne s'y oppose pas, on peut recevoir huit lanches par jour.

Eau et bois. On fait l'eau douce et le bois de la même manière qu'à Tuxpan. Si l'état de la mer le permettait et qu'il convînt d'aller faire de l'eau avec la chaloupe, on pourrait en prendre en dedans de la barre, dans un trou, creusé à 150 mètres du rivage près des cases.

Vivres. Il n'y a de vivres d'aucune espèce à Cazones : heureux lorsque les Indiens, veulent bien vous céder à grand prix, de gros canards blancs dont la chair n'est pas très-délicate.

Au lieu d'aller reprendre le mouillage de Tuxpan, comme on devrait régulièrement le faire pour avoir ses expéditions, on peut éviter ce retard, en envoyant à l'avance un courrier au consignataire du navire. Expédition.

Il n'y a aucuns frais à Cazones, par la raison que cette rade, quoique éloignée de Tuxpan de plus de 20 milles, est pour ainsi dire, un point d'embarquement des produits de cette ville. Frais.

NAVIGATION DE TUXPAN A CAZONES.

Nous n'avons jamais quitté le mouillage de Tuxpan sans la brise de terre, et rarement nous n'avons pas jeté l'ancre à Cazones le même jour, tandis que des navires partis avec des vents d'E.-S.-E. étaient plusieurs jours à atteindre ce mouillage.

Il est bien entendu que lorsque la bordée permet de prolonger franchement la côte, on doit appareiller à toute heure du jour.

A mi-distance à peu près de Tuxpan et de Cazones, on aperçoit la pointe de *Piédras*, qui déborde assez avant dans la mer : on ne pourra jamais la confondre avec celle de Cazones, parce qu'elle est plate et pointue.

Entre la pointe de Piédras et celle de Cazones, il y a un petit cours d'eau que nous avons toujours entendu nommer par les gens du pays : *Boca-Lima*. Celui qui existe sur les plans sous la même dénomination au Sud de Cazones, pourrait, il nous semble, avoir une position douteuse. Boca-Lima.

Le 22 Avril 1851, nous trouvant à environ 9 milles dans le N.-E. (1) de la pointe de Cazones, l'eau changea subitement Haut-fond.

(1) Nous avons rectifié cette position d'après les renseignements qui

de couleur, prit une teinte verdâtre plus prononcée et la sonde rapporta 16 mètres, fond de sable vaseux, lorsque précédemment nous étions par 35 mètres. Ce haut fond nous parut avoir une encâblure: la mer y était plus grosse qu'à une certaine distance.

Nous avons signalé cette circonstance dans un de nos rapports de mer.

Tecolutla. (Pl. VK)

Cette barre qui n'est pas portée sur les plans français, est par 20° 22' de latitude Nord; elle a généralement six à sept pieds d'eau.

La rivière forme à son entrée plusieurs bras dont un qui se dirige vers le N.-O. baigne le village de Tecolutla qui est bien moins considérable que celui de Tuxpan; il sert de port d'embarquement aux productions de Papantla qui se trouve à quelques lieues dans l'intérieur et dont le commerce consiste principalement en vanille, salsepareille, piment et bois jaune. Ce port reçoit aussi de Campêche quelques chargements de sel pour les mines.

Reconnaissance.

La seule reconnaissance qui existe à Tecolutla, est un grand cocotier; il se voit de loin et dépasse de beaucoup toutes les cases qu'on aperçoit au bord de la mer.

La côte et les montagnes de l'intérieur ont une telle conformité, qu'il nous a été difficile de faire une autre remarque, si ce n'est que l'entrée de la rivière n'est visible qu'en venant du Sud, et qu'au mouillage, on voit au-dessus de la plage méridionale de la rivière, une petite hauteur en forme de pic qui termine dans le Sud les hautes montagnes qui dominent la côte.

Mouillage.

Le mouillage est à un mille et demi de terre, par 16 mètres, fond de vase. Le grand cocotier, à l'O.-S.-O. ½ Sud.

---

nous ont été fournis par un capitaine mexicain; elle diffère un peu de celle que nous avions précédemment assignée dans notre rapport de mer.

Pl. VI.

Vue de Tecolutla le Grand Cocotier à l'O.S.O ½ Sud.
prise à la voile à la distance de 5 milles.

A. Godet.

A. *barré de la Rivière.*

Il est prudent de ne pas s'avancer davantage dans le Sud, à cause de la pointe méridionale de la rivière qui déborde un peu et qui pourrait dans un norte, gêner l'appareillage.

1.° Le certificat de la douane, qui constate que le navire a payé les droits de tonnage; Pièces à fournir à l'arrivée.

2.° La patente sanitaire.

La première de ces pièces est remise à l'officier commandant la douane, et la patente sanitaire doit être visée au moment du départ par l'alcade qui est la seule autorité civile.

Nous recommandons cette formalité, qui ayant été négligée par plusieurs capitaines, les a exposés à faire quarantaine à leur arrivée en Europe.

Il n'y a pas de capitainerie de port à Tecolutla.

Les chargements se font de la même manière qu'à Tuxpan, et avec des chaloupes de mêmes dimensions. Chargement.

L'eau et le bois se procurent de la même manière que sur les autres points de la côte. Eau et bois.

On ne peut avoir de viande fraîche, que lorsqu'on tue un bœuf dans le village, ce qui arrive à peu près deux fois par semaine. Les porcs et le poisson y sont abondants, mais tous les autres vivres sont très-rares. Vivres.

Il n'y a aucun frais à Tecolutla; on est expédié gratuitement par la douane, si le registre est déjà ouvert. Frais.

NAVIGATION DE CAZONES A TECOLUTLA.

Pour se rendre de Cazones au mouillage de Tecotutla et à celui de Nautla dont nous allons parler, on doit naviguer d'une manière analogue à celle que nous avons précédemment indiquée, et conserver plutôt deux jours le mouillage que d'appareiller avec des vents frais variables du S.-E. au S.-S.-E., parce que loin de gagner du chemin, on s'exposerait à en perdre.

Le canal de la barre de Nautla situé par 20° 12' de latitude Barre de Nautla.

Nord et 99° 03' de longitude Ouest (1), est généralement si étroit, qu'avec une mer passable, les brisants se joignent complètement : ce qui en rend le passage difficile et très-dangereux pour les embarcations.

L'eau qu'on y trouve varie entre 3 et 5 pieds; après les *crescientos* (soubernes), elle creuse un peu et se maintient ainsi plusieurs mois.

La rivière forme un coude vers le S.-S.-E. à une demi encâblure de son entrée, et suit la même direction pendant plusieurs milles.

Nautla. (*Pl. VII*). Nautla est situé à un mille et demi de la barre, sur un petit ruisseau qui communique à la rivière vis-à-vis le village; ce même ruisseau la rejoint encore à peu de distance de l'entrée et forme ainsi une île boisée, entre la rivière et la plage.

Reconnaissance. Un peu dans les terres, on aperçoit deux petits mamelons qu'on nomme *Dos hermanos* (deux frères) et la montagne de Maya qui est presque carrée.

Mouillage. En mettant le sommet du petit mammelon par le côté septentrional de la montagne, ainsi que l'indique la vue que nous donnons, on est dans la direction de la barre, et on peut laisser tomber l'ancre, aussitôt qu'on est par 18 mètres sur un fonds de sable à environ 2 milles de terre.

A ce mouillage, on ne distingue aucun indice de la rivière; si la mer n'est pas grosse, les brisants de la barre se confondront avec ceux de la plage, et ce n'est qu'à la longue vue, qu'on découvrira parmi les arbres, la toiture d'une *bodega* (hangard) que fit construire notre frère Henry pour abriter du bois de teinture et de la salsepareille; à une encâblure au Nord de cette bodega, est l'entrée de la rivière.

---

(1) Déduite de la longitude de Tuxpan par une observation chronométrique.

(2) *Voyez :* barre de Palmas.

Avec beaucoup d'attention, on pourra remarquer deux cases qui se détachent de la verdure qui domine la plage un peu au Nord de la barre.

Lors de notre dernier voyage à Nautla, notre frère avait l'intention de faire élever, auprès du hangard, une charpente surmontée d'un mât de pavillon, pour indiquer le mouillage aux navires en vue (1).

Icaltépec.

La petite colonie française d'Icaltépec est située sur la rivière à quelques milles de Nautla; l'aspect de cette colonie contraste singulièrement par sa régularité et la blancheur de ses maisons avec les autres villages de la côte.

Les habitants d'Icaltépec se livrent principalement à la culture de la vanille, et ont acquis pour la préparation de cette denrée, une réputation justement méritée.

De petits caboteurs qui remontent jusque devant le village, le mettent en rapport direct avec la Vera-Cruz.

Il y a à Icaltépec un vice-consul français.

Chargements.

Ainsi qu'à Tuxpan et à Tecolutla les chargements sont livrés le long du bord par des chaloupes du port de huit tonneaux environ; mais l'état de la barre leur permet plus rarement de prendre la mer.

Nautla est à l'égard de Misantla, ce qu'est Tecolutla à celui de Papantla; les productions de ces deux villes sont absolument les mêmes.

Pièces à fournir à l'arrivée.

Les pièces à fournir à l'arrivée, sont:

1.° Le certificat constatant que les droits de tonnage ont été payés.

2.° La patente sanitaire.

3.° Le rôle d'équipage.

Ces deux dernières pièces doivent être remises au consul qui les visera au moment du départ du navire.

---

(1) Nous ignorons s'il a mis ce projet à exécution.

Eau et bois. On fait l'eau douce et le bois de la même manière que sur les autres points de la côte. Si l'état de la mer permettait d'envoyer une embarcation dans la rivière, on trouverait un puits et du bois, auprès du hangard de notre frère.

Vivres. En s'y prenant d'avance, on peut faire venir d'Icaltépec toute la volaille nécessaire, des œufs, du maïs, du pilon et, en un mot, tous les légumes frais désirables.

Les lancheros, si on leur en demande, apportent à bord d'excellent poisson.

Frais. Il n'y a de frais que l'expédition consulaire.

Une grande pirogue pour aller à bord, se paye une piastre par rameur et deux piastres pour le patron.

Note. Notre navire *Fanny-Louise*, est le premier qui, sous pavillon étranger, soit venu prendre du chargement devant les barres de Tecolutla et de Nautla.

Barre de Palmas. A environ 5 milles au S.-E. de la barre de Nautla, est celle de Palmas, qui ne peut recevoir que des pirogues.

Reconnaissance On reconnaît aisément l'entrée de la rivière, à plusieurs cases dont la blancheur s'aperçoit de loin, en mer, et qui composent le village.

Remarque. On a souvent pris ces cases pour l'entrée de Nautla.

Cette erreur ne pourra *jamais avoir lieu*, en observant qu'à un mille de terre devant Palmas, les deux *hermanos*, paraissent *l'un par l'autre*, et semblent ne faire qu'un seul et même mamelon.

Mouillage. On peut mouiller dans le N.-E. $^1/_4$ E. des Cases, par un fond de sable de 17 mètres.

Observation. La rade de Palmas n'est pas fréquentée; nous y avons mouillé, une seule fois en 1851, pour y embarquer quelques balles de salsepareille et un peu de bois de teinture.

On ne peut rien se procurer sur cette rade, qui est considérée comme un point d'embarquement des productions de Nautla.

Il n'existe aucune autorité régulière à Palmas.

La rade de Vera-Cruz qui est le centre du commerce étranger au Mexique, est formée par les récifs de la Gallega sur lesquels est bâti la forteresse d'Ulua. Vera-Cruz.

Son étendue n'est pas très-grande; et lorsqu'il y a encombrement de navires, ce qui arrive rarement, il y en a plusieurs qui ne sont pas mouillés en sûreté.

Sur le fort San-Juan de Ulua et dans le N.-O., il y a un feu tournant, dont la portée est de 15 à 18 milles; ses éclats ont une durée de 6 secondes et se renouvellent toutes les 40 secondes. Phare.

On pénètre dans la ville par un môle de débarquement qui s'éloigne d'environ 30 mètres du rivage; à droite et à gauche de ce môle, il y a des meurtrières qui le relient avec deux forts situés aux deux extrémités de la ville.

Les instructions qui existent sur le port de la Vera-Cruz, son mouillage, les récifs qui l'entourent et sur la manière de le prendre, sont assez complètes pour qu'il soit inutile d'émettre notre modeste opinion; nous nous bornerons à donner quelques renseignements qui concernent les navires du commerce et à renvoyer nos lecteurs à la carte du Dépôt, levée en Avril 1839, par le commandant Bérard, lors de l'expédition française au Mexique, et qui résume avec plus d'exactitude tout ce que nous pourrions conseiller.

Les pièces à fournir à l'arrivée, à l'autorité, sont : Pièces à fournir à l'arrivée.

1.° La patente sanitaire;

2.° Une note indiquant le nom du navire, celui du capitaine et du consignataire, le lieu du départ, la jauge officielle, le nombre d'hommes composant l'équipage et celui des passagers;

3.° Les passeports des passagers;

4.° Le sac aux lettres;

5.° Le manifeste adressé au Directeur des Douanes par le Consul;

6.° Une note de provisions sur laquelle figurent, le nom des passagers et le nombre de malles qui leur appartiennent.

Au consignataire, qui en fait la remise lors de la déclaration.

7.° Un deuxième manifeste visé par le Consul.

Déchargement. Le déchargement s'opère au moyen de grandes chaloupes depuis le lever du soleil jusqu'à deux heures après-midi.

Les formalités qui sont observées par la Douane de Tampico à l'égard de la fermeture des panneaux, le sont aussi à Vera-Cruz.

Un usage a établi qu'on ne pouvait décharger plus de six navires à la fois ; nous ignorons si cet usage a lieu par le fait de la Douane, ou par le manque d'embarcation de débarquement.

Lest. Le lest est très cher ; il est de sable et se vend le long de bord, 30 piastres la lanche d'environ quinze tonneaux.

Eau et bois. On peut faire l'eau en embarquant tous les jours une barrique dans le canot de la provision ; elle se prend à une fontaine qui est à quelques pas du môle de débarquement.

Le bois est cher et il est préférable de le faire à Carmen où on prend généralement les chargements de retour.

Vivres. Les vivres sont, en général, beaucoup plus chers à Vera-Cruz qu'à Tampico.

Frais. Les frais suivants ont été affectés à notre navire *Fanny-Louise*, jaugeant 173 tonneaux.

	piastres	
Patente sanitaire	4	»
Capitainerie de port, pilotage d'entrée et de sortie	34	50
Droit de tonnage 198 tonneaux. à 1 piast. 50.	297	»
Droit d'eau, à 0,125	24	75
Papier timbré pour le régistre	8	»
Frais consulaires	15	»
TOTAL (piastres)	383	25

Commission de recouvrements : 4 et 5 p. %

Pl. VIII.

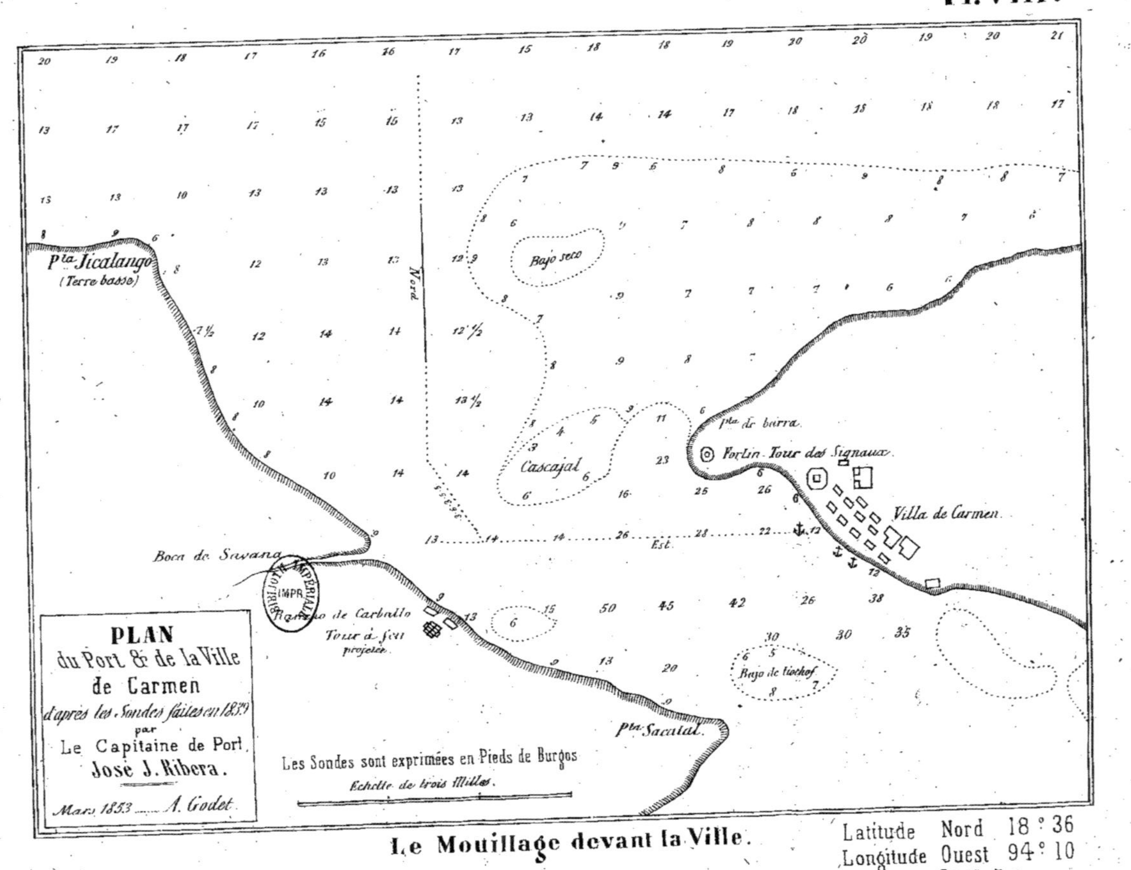

Le Mouillage devant la Ville.

Latitude Nord 18° 36
Longitude Ouest 94° 10
Variation 8° N-Est

Les navires qui déchargent à Vera-Cruz, ont la faculté de relever pour la Laguna, et, après y avoir pris des bois de teinture, ils reviennent à Vera-Cruz compléter leur chargement en salsepareille, cochenille, jalap, vanille, etc. Observations.

Cette considération nous engage à donner quelques instructions sur le port de Carmen qui seront, nous n'en doutons pas, accueillies avec intérêt. Carmen. (*Pl. VIII.*)

La pointe Jicalango, qui forme l'entrée occidentale du port de Carmen, est basse, ayant assez l'apparence de petites tables, tandis que celle de la barre quoique basse aussi, est couverte de bouquets d'arbres qui s'aperçoivent de loin. Sur cette pointe, on remarque la tour des signaux ainsi qu'une batterie et, au-dessus de la plage, les parties élevées de la mâture des bâtiments. Reconnaissance.

Si le tirant d'eau du navire est trop considérable pour entrer dans le port, on peut mouiller par 9 mètres dans le N. $^1/_4$ N.-O. de la tour des signaux. Mouillage.

Une deuxième reconnaissance, qui nous paraît la plus parfaite, est celle que procure la sonde, lorsqu'on ne distingue pas bien régulièrement la terre. Deuxième reconnaissance.

Dans l'Est, elle rapporte un fond de sable dur.

Dans l'Ouest, un fond de vase molle.

Et Nord et Sud avec l'entrée, un fond de vase qui résiste au plomb.

Si on désirait entrer dans le port et qu'on fût privé de pilote, ce qui arrive rarement, lorsque la mer n'est pas trop grosse, il faudrait, en venant de l'Est, ne pas s'approcher au-dessous de 3 brasses et demie d'eau et prolonger la côte jusqu'à ce qu'on découvre le Rancho de Carballo au S. 8° E. (1). On gouverne alors sur ce rancho et, lorsqu'on aura ramené la batterie de la barre à l'Est $^1/_2$ N., on pourra porter au S.-E. Entrée.

---

(1) En Janvier 1833, on construisait une charpente destinée à porter du feu près du Rancho de Carballo.

$^1/_2$ S. et continuer ainsi jusqu'à ce que le clocher, situé au centre de la ville, soit à l'E. 8° N., on est alors au Sud du plateau de Cascajal, et il suffit de gouverner sur les maisons et de prendre le mouillage aussi près de terre qu'on le désire.

Note. Nous croyons devoir faire remarquer que de mer basse les courants portent sur les bancs qui s'écartent de la pointe de la barre, et que pour éviter le plateau de Tiochof, il ne faut pas descendre au Sud du parallèle d'une maison située sur une petite pointe en dehors de la ville, un peu au Sud de l'église.

Pièces à fournir à l'arrivée. Le port de Carmen étant considéré *habilitado* (ouvert), on doit présenter à l'autorité une déclaration analogue à celle qui est généralement exigée à Vera-Cruz et à Tampico.

Il y a un agent consulaire français à Carmen.

Chargements. Les chargements se font au moyen de grandes lanches de 800 à 1000 quintaux de port et qui livrent le bois le long du bord, où il se pèse depuis qu'on a frappé cette marchandise d'un droit de sortie.

Eau et bois. Le droit fixé pour être autorisé à faire de l'eau soit en petite ou grande quantité, est de 4 piastres.

Le bois à brûler est assez commun et vaut 2 réaux les 100 morceaux.

Vivres. Les vivres sont en général à bon marché, et il est préférable de les faire à Carmen qu'à Vera-Cruz.

Frais. Les frais à Carmen étaient les suivants, en Décembre 1855 (1), pour un navire jaugeant officiellement 273 tonneaux qui avait déjà payé les droits de tonnage à Vera-Cruz.

	Piastres.	
Droits de quai	42	20
Droit municipal	28	27
Ancrage	2	»

(1) Ces frais sont sujets à éprouver quelques changements, par la raison que le port de Carmen, est soumis à une administration particulière.

Registre. . . . . 8 »
Patente sanitaire. . . . . 4 »
Pilotage, entrée et sortie, embarcation. . . . . } 47 63
(Au pilote et capitaine de port). . . . . }
Droit d'eau. . . . . 4 »
Expédition consulaire. 4 50

NAVIGATION DE LA VERA-CRUZ A CARMEN ET DE CARMEN A LA VERA-CRUZ.

Dans la saison des Nords, nous conseillerons de s'élever de manière à ne pas être affalé, et de régler la route de telle sorte qu'on puisse se présenter dans le voisinage du port de destination, vers la fin d'un coup de vent.

Dans les autres mois de l'année, nous avons trouvé de l'avantage à ne pas trop nous éloigner de la terre.

NOTES SUR LES VENTS DANS LE GOLFE DU MEXIQUE ET PRÉCAUTIONS A PRENDRE AUX DIVERS MOUILLAGES DE LA CÔTE.

Tous les marins savent qu'il existe dans le golfe du Mexique, deux saisons bien distinctes et qui influent périodiquement sur l'état de l'atmosphère, en produisant des mouvements qui paraissent diamétralement opposés.

Ces deux saisons se succèdent vers l'équinoxe de Mars, sans secousses sensibles, mais il n'en est pas ainsi en Septembre, il semble même qu'il serait plus régulier de distinguer trois saisons : celle des pluies, celle des beaux temps, et celle des Nords. Nous allons nous borner à reproduire ce que nous avons remarqué dans chacune d'elles.

De Juillet en Octobre, des nuages orageux se présentent sur toutes les parties de l'horizon ; ils sont parfois accompagnés de grains violents ; d'autres fois, ils passent rapidement au zénith, sans provoquer de changement et sans pluie, et sont suivis de calmes : ces grains sont moins fréquents pendant la nuit.

De Juillet en Octobre au large.

Si après un calme presque plat, les vents soufflent par fraîcheur de la partie de l'Ouest, et que la brise augmente au coucher du soleil en inclinant vers le Sud, de gros nuages noirs s'élèvent du S.-S.-E. et de violents éclairs, accompagnés de tonnerre, sillonneront le ciel, les grains se succèderont avec rapidité durant la nuit, et au jour, s'il n'y a plus d'orage, le temps sera gris et la brise plus fraîche; mais si on remarque une éclaircie dans le S.-E., elle indiquera la fin du mauvais temps.

Ces gros orages ont généralement vingt heures de durée et se terminent par un beau temps et des vents de S.-E.; on les éprouve entre le méridien de Sisal et celui des Tortugas, dans le Nord de la sonde du Yucatan (1).

De Mars en Juillet, au large.

De Mars en Juillet, dans les mêmes parages, les vents soufflent de l'E. à l'E.-N.-E. de midi à minuit; et de minuit à midi, ils dépendent du Sud principalement dans la matinée.

De Juillet en Octobre, sur la sonde du Yucatan.

Sur la sonde du Yucatan, les brises de terre s'établissent en Juin ou Juillet jusqu'en Octobre et soufflent assez régulièrement; à ces vents succèdent souvent des vents d'Est accompagnés de pluies et d'orages et des calmes plats.

De Mars en Juillet, sur la même sonde.

De Mars en Juillet, les brises de terre sont excessivement rares. Les vents inclinent seulement un peu vers le Sud, après minuit; lorsque les pluies commencent en Juin, elles font devancer les brises de terre.

De Juillet en Octobre, au mouillage de la côte.

Dans ces mois, entre Tampico et Vera-Cruz, il est rare de passer une nuit au mouillage sans orage; ils apportent souvent beaucoup de pluies et des grains violents du S.-E. qui ont parfois plus de deux heures de durée; néanmoins, en Juillet et Août par suite des calmes, la mer est plusieurs jours aussi plate qu'une rivière, et les orages de la nuit ne la font pas grossir. Ces mois sont les plus propices aux chargements qui

(1) Nous nommons ainsi la partie de la sonde de Campêche, située au Nord de Yucatan.

se font à Cazones, Tecolutla et Nautla; ils sont aussi les plus dangereux par les ouragans qui sont assez rares (1).

De Mars en Juillet, sur la côte.

De Mars en Juin, les vents soufflent presque continuellement de la partie du S.-E. variable au S.-S.-E. pendant la nuit, et produisent un courant assez violent qui prolonge la côte et qui diminue de force au large de la sonde.

Il arrive fréquemment que la brise qui soufflait avec une grande force du S.-S.-E., tombe instantanément vers minuit, et on entend alors distinctement le bruit des brisants de la plage qui précède de quelques secondes une petite fraîcheur de terre, suivie d'un calme plat qui dure jusqu'après le lever du soleil où la brise reprend son cours S.-E. : cette circonstance a lieu si le temps est clair.

D'autres fois, cette même brise passe au S.-O, grand frais, fait le tour du compas jusqu'au Nord et se termine par un chocolateros (2).

Précautions; le déradage.

Nous engageons nos collègues, à veiller bien attentivement ces grains qui s'annoncent par de gros nuages noirs s'élèvant dans les montagnes; la mer devient affreuse, et un navire serait exposé à sombrer sur ses amarres, s'il conservait le mouillage. Pendant ces mois et dans la saison des Nords, nous avons toujours eu sur la côte, deux ris pris aux huniers, le petit foc paré, un orin de déradage frappé sur l'avant de l'écubier et un deuxième orin frappé sur la patte de l'ancre (3). Cette précaution nous permettait de quitter promptement le mouillage et de le reprendre sans grand travail, au moyen des amers que nous procuraient quelques arbres remarquables de la côte.

---

(1) En Juillet 1853, un ouragan enleva la toiture de plusieurs maisons à Tampico, fit déborder la rivière de Nautla et occasionna de grands ravages à Icaltépec.

(2) Nous avons parlé de cette circonstance dans la navigation de la côte; elle a souvent lieu après une brise du large qui dépend du N.-E.

(3) La mer est parfois si grosse, que la chaîne et l'orin de déradage s'enroulent de manière à faire disparaître la bouée. —*Fanny-Louise*, à Nautla 1853.

Loin de nous la pensée de conseiller une manœuvre inutile à l'égard des déradages ; nous engageons même à le conserver jusqu'au dernier moment avec des vents de S.-E., parce que non-seulement on aurait beaucoup de peine à le reprendre, mais aussi parce que ces vents aussi forts qu'ils soient, ne sont pas (de beau temps) de longue durée; mais avec les grains qui précèdent les chocolateros, il faut, nous le répétons, redoubler de surveillance et ne pas attendre que la direction du vent vienne rendre l'appareillage impossible.

Ces petits ouragans dont la durée est de 4 à 5 heures sont plus violents en descendant la côte; nous attribuons cette circonstance à l'influence des montagnes qui sont plus nombreuses que vers le Nord.

D'Octobre en Mars, saison des Nords.

Vers la fin d'Octobre, on éprouve les premiers vents de Nord et ils se répètent jusqu'en Mars, où leur durée est rarement, alors, de plus de vingt-quatre heures. Ces vents qui sont dominants sur toutes les parties du golfe et sur la côte, s'annoncent par l'humidité dont l'air est imprégné, par une légère brume qui chasse avec vitesse et par le baromètre. Les vents changent rapidement de direction, en variant du S.-E. au S.-O.; puis, ils soufflent du N.-N.-O. variable au Nord avec une grande force.

D'autres fois, avec un beau ciel, on remarque le temps couvert dans la partie du Nord; les vents qui soufflent se maintiennent ainsi pendant plusieurs heures, puis, dans un grain, ils sautent au N.-N.-O. grand frais.

Enfin, avec un temps tout-à-fait beau et une petite fraîcheur, surtout lorsque les étoiles scintillent et que la nuit est humide, le Nord souffle instantanément sans qu'il soit possible de le prévoir, autrement que par le bruit de la mer qui le précède. Nous avons toujours remarqué que les Nords qui débutaient ainsi, étaient les plus forts, mais qu'ils étaient aussi de moins de durée, et qu'ils faisaient peu varier le baromètre.

Généralement, les vents de Nord se terminent en passant de l'E.-N.-E.; au large, ils conservent cette direction et, sur la côte, les brises de terre s'établissent et la mer est plusieurs jours très-belle.

L'état de la mer est le meilleur indice de la fin des Nords; elle tombe graduellement quatre heures au moins avant que le vent cesse. En profitant de cette remarque, on peut rallier le mouillage, si on a déradé, de manière à le reprendre au commencement du beau temps, et d'en profiter, ce qui est facile, parce que dans cette saison, la santé des équipages est ordinairement parfaite. *De la fin des Nords.*

D'après ce que nous venons de dire, on voit que dans la saison des Nords, on doit être continuellement sur le qui-vive au mouillage; cependant, nous avons eu dans ces mois jusqu'à dix jours de beau temps, et c'est plus qu'il n'en faut pour prendre un chargement.

Nous savons que plusieurs chartes-parties d'affrètement portent que le temps passé au mouillage, compte pour les jours de staries, cette clause ne doit pas influencer la prudence d'un capitaine qui sauvegardera beaucoup mieux les intérêts qui lui sont confiés en suivant les inspirations que lui commandent les circonstances (1). *Note.*

NAVIGATION DANS LE GOLFE ET ATTERRAGES.

La navigation dans le golfe du Mexique est tellement subordonnée aux vents qu'on éprouve, qu'il serait difficile d'indiquer une règle invariable (2). Nous nous contenterons de rapporter la manœuvre qui nous a paru le plus convenable, soit pour nous rendre dans un port du Mexique, soit pour remonter le golfe jusqu'au canal de la Floride.

Cette navigation ne présente d'autres difficultés dans la saison des Nords, que de se mettre en mesure d'en profiter pour faire de la route et de les recevoir sans être affalé, *Navigation pendant les Nords.*

(1) En 1852, le navire l'*Elisabeth* sombra sur ses amarres au mouillage de Tuxpan, tandis que le même coup de vent que nous avons éprouvé au large ne nous occasionna aucune avarie.

(2) Nous avons consulté souvent des caboteurs, allant à la Havane, dont les opinions étaient contradictoires.

même sur la partie de la sonde de Campêche, que nous nommons sonde du Yucatan. Cette distinction est nécessaire, car la mer qui n'est jamais grosse, il est vrai, sur la sonde à l'Ouest du méridien de Sisal, est mauvaise et courte dans le Nord du Yucatan, même avec des vents d'Est lorsqu'ils soufflent à serrer les perroquets (1).

Lorsque près d'un atterrage, on est surpris par un Nord, il faut, autant que possible, combiner la route de manière à voir la terre vers la fin du mauvais temps; on trouvera ainsi la mer belle et on sera libre de sa manœuvre, tandis qu'on serait exposé à ne pouvoir que difficilement reprendre le large en continuant la bordée de la côte où les courants sont plus violents.

Il est convenable aussi de ne pas donner dans le canal de la Floride avec un Nord déclaré, à moins d'avoir la certitude de le passer à l'abri des Cayes qui avoisinent les Tortugas.

Navigation pendant les vents alizés.

De Mars en Juillet, nous l'avons déjà dit, les vents soufflent généralement de l'Est en inclinant vers le Sud; avec beau temps, l'atterrage n'offre que la difficulté de se tenir un peu au vent du point de destination.

Si on allait à Tampico et qu'on reconnût la terre avant la nuit, on pourrait se diriger à la sonde vers le mouillage, parce qu'il y a un petit feu à l'entrée de la rivière; cette manœuvre sera la préférable, car si on restait sous voile et qu'il n'y eût pas de brise de terre, on pourrait être entraîné par les courants.

Départ.

Lorsqu'on part d'un port de la côte, avec une série de S.-E., elle conduit souvent jusqu'au vent du Missisipi par 26 à 27° de latitude (2), la navigation devient alors plus facile, parce qu'on est aidé par le courant qui sort en tout temps de ce fleuve et qui prolonge la sonde des Tortugas. Mais il ar-

De Juillet en Octobre.

(1) Les instructions disent que la mer est belle sur toute la sonde; nous n'avons pas trouvé cette assertion d'une grande exactitude avec une brise fraîche.

(2) Nous avons toujours remarqué que la mer était plus belle au Nord de l'acore de la sonde que sur la sonde même.

rive principalement de Juillet en Octobre, que les vents dépendent tellement de l'Est et qu'ils sont accompagnés de tant de calmes, qu'on doit suivre la moindre variation de la brise et ne pas hésiter à virer de bord pour s'avancer vers l'Est.

Entre la côte du Mexique et la sonde de Campêche, on éprouve quelquefois des petits vents d'Ouest qui précèdent quelques heures de vent de Nord, et qui sont probablement occasionnés par le temps qui règne près de terre.

On profite de toutes ces variations et, s'il est possible, on gagne la sonde du Yucatan, où on est aidé par les brises de terre; dans le cas contraire, on doit éviter les parages du Nord du golfe où on serait exposé à toute la violence des vents de S.-O., sans en profiter pour faire du chemin.

Nous ne nous étendons pas sur la route à faire pour se rendre dans un port du Mexique; elle est subordonnée tant au lieu de destination qu'à la prudente volonté du capitaine, puisque les vents sont presque toujours favorables; ainsi on peut suivant la saison passer au Nord des Alacranes, ou bien sur la sonde et quitter cette dernière, soit au Nord de l'îlede Sable, soit entre la barre Neuve et le Triangle.

NOTES SUR LES COURANTS.

D'après ce qui précède, on aura sans doute remarqué que les courants suivaient en général la direction des vents; il en est réellement ainsi le long de la côte, mais ceux qui se dirigent vers le Sud, ne sont occasionnés que par les vents du Nord, tandis que ceux qui portent du N.-O., semblent suivre une direction naturelle.

Vers l'acore N.-O. de la sonde de Campêche, et à peu de distance de la position assignée à l'île douteuse Bermeja, les courants portent violemment à l'O.-S.-O., dans la saison des vents alizés et dans le S.-S.-O. avec des vents de Nord.

En passant entre la basse Neuve et le Triangle, nous n'avons trouvé en latitude qu'une différence insignifiante; mais entre la sonde et la côte du Mexique, nous avons éprouvé des courants qui étaient d'autant plus forts, que nous nous approchions de terre : pendant les Nords, ils portent au N.-N.-O. dans le Nord de Carmen et de Tabasco (1).

A 90 milles, dans l'O.-N.-O. des Tortugas, on n'éprouve pas l'influence des courants produits par les eaux du Missisipi et par celles du golfe qui se portent dans l'Est, un peu plus au Sud.

Après un ouragan du S.-O., lorsqu'on est à l'ouvert, les courants portent violemment dans le canal de la Floride même depuis 88° de longitude.

Celui qui sort rapidement de la mer des Caraïbes, entre les caps St-Antoine et Catoche, ne se ressent pas au-delà de 26° de latitude.

Du méridien de Bahia à Honda au cap St-Antoine, ils sont près de terre, presque insensibles; nous les avons même éprouvés portant un peu à l'O.-S.-O., mais de Bahia-Honda vers l'Est, ils portent dans cette dernière direction.

Le long des récifs de la Floride à partir des Tortugas, les courants nous ont paru toujours plus rapides que sur la côte de la Havane.

Dans le canal au Nord du feu de Carysfort, les vents de Sud, qui soufflent avec une certaine fraîcheur, *détruisent presque totalement* l'effet du courant. Plusieurs marins qui n'avaient pas profité de cette remarque, se sont trouvés affalés sur le banc de Maternillos, lorsqu'ils supposaient l'avoir grandement doublé.

Nous terminons ce travail par la note des frais qui existent à la Havane et à la Nouvelle-Orléans, ces deux ports étant généralement fréquentés par les navires qui font la navigation du Mexique; nous croyons aussi, devoir y joindre quelques notes sur les marchandises qui composent les chargements de retour.

---

(1) Plusieurs remous nous ont fait supposer qu'ils étaient provoqués par le retour des eaux qui se dirigent au Sud, le long des côtes du Mexique et de celle de Campêche.

FRAIS, à la Havane, affectés à notre navire FANNY-LOUISE, *ayant une jauge officielle de 173 tonneaux.*

	Piastres.			
* Visite de santé	6	»		
* Pilotage à l'entrée	10	»		
* Interprète	2	»		
* Capitaine de port	3	»		
5 jours de planche à débarquer, à 6 réaux.	3	75		
Port à bord de la planche	0	50		
6 jours d'amarrage au quai, à 10 réaux par jour et par 100 tonneaux.	15	»		
Noirs pour le déchargement	3	»		
Pilote pour aller en rade	10	»	53P	25
Droits de Tonnage.				
200 tonneaux, à 12 réaux par tonneau	300	»		
* Dragueur au ponton, 1 réal ³/₄ par ton.au, plus 1 p. %	44	18		
	344	18		
Balance 1 p. %	3	42		
* Fanaux, demi réal par tonneau	12	50		
* Traduction du manifeste	4	»	364P	10
Expédition.				
* Visite d'entrée et de sortie	11	»		
* Patente sanitaire	6	»		
Formation du registre et papier timbré	10	50		
* Expédition	8	25		
* Capitaine de port, passe du Morro, et honoraires de la douane	14	»		
* Pilotage de sortie	10	»		
* Expédition consulaire	13	68		
Compte de l'arrimeur et du hissage	92	62	166P	05
Commission 2 ¹/₂ p. %			4	15

Frais particuliers.

Commiss. sur le fret à l'entrée, 3 $^{1}/_{4}$ p. %
Commission sur le fret de sortie et courtage, 3 p. %.
Dépenses pour provisions au départ et pendant le séjour. 108 00

REMARQUE. — On peut déduire de ces frais, ceux qui sont affectés aux navires qui arrivent sur lest. En général, ceux que nous avons marqué d'une astérisque, sont prélevés sur la *jauge officielle* pour les navires seulement en relâche.

Divers frais affectés aux navires Le Vaillant *et* Les Deux-Sœurs, *à la Nouvelle-Orléans.*

	LE VAILANT. — Jauge : 418 tonn.		LES DEUX-SŒURS. — Jauge : 218 tonn.	
Droit de tonnage.	400p	52	220p	»
Enrégistrement des passagers. . .	3	75	2	50
Pilotage d'entrée.	49	»	45	50
Id. de sortie, 3p 50 par pieds anglais.	47	25	45	50
Droit de quai.	100	»	54	60
Inspection d'avaries.	10	»	8	»
56 tonneaux de lest à 1p 50. . . .	84	»	»	»
Droit du capitaine de port.	12	54	8	19
Remorquage de la mer à la Nouvelle-Orléans.	315	»	215	»
Remorquage de la N.lle-Orléans à la mer.	125	»	67	»
Avis dans les journaux.	10	»	7	50
Arrimage et hissage.	172	»	116	»
Expédition consulaire.	20	95	5	65
— du navire en douane. .	»	»	4	75
Commission sur le fret d'entrée, 2 $^{1}/_{2}$ p. %. . . .	»	»	»	»
Id. sur le fret de sortie, 2 $^{1}/_{2}$ p. %. . .	»	»	»	»

NOTES

SUR LES MARCHANDISES D'IMPORTATION.

Les chargements de retour, nous l'avons déjà dit, se composent ordinairement de bois de teinture, salsepareille, jalap et vanille.

La côte orientale du Mexique est entièrement dépourvue de bois de Campêche, mais on y entretient le long de plusieurs rivières, des coupes considérables de bois jaunes (Moral).

La bonne qualité de ce bois qui tient un des premiers rangs dans le commerce, présente à la sonde une couleur jaune garancée formant des veines nombreuses et orangées. Celui dont la couleur se rapproche du jaune serin est de mauvaise qualité, malgré la belle apparence de sa robe, les bûches doivent être régulièrement sciées des deux bouts sur une longueur de 60 centimètres environ, et le poids moyen d'une cargaison ne doit pas être inférieur à 30 kilogrammes.

Le bois de Campêche provient de la lagune de Carmen. On l'embarque au mouillage de la ville; il doit être massif, et entièrement dégagé d'aubier, sa longueur varie d'un mètre cinquante centimètres à deux mètres, sur dix à trente centimètres de diamètre. Le branchage déprécie la marchandise; au-dessus de quinze centimètres il présente quelques cavités, mais le bois n'en est pas moins bon, s'il n'est pas noueux. Lorsque la coupe est fraîche, la sonde donne une couleur noirâtre, mais extérieurement, les bûches sont d'un rouge vif.

La bonne salsepareille doit se fendre facilement dans le sens longitudinal, et présenter extérieurement une vive couleur blanche bordée des deux côtés d'une petite ligne jaune et rose : elle est noire, jaune ou grise.

Un moyen de fraude consiste à laisser subsister la terre qui est attachée au tronc de ces racines et à renfermer dans l'intérieur des balles, les parties qui ne sont pas suffisamment séchées.

L'écorce est parfois spongieuse sans pour cela que la marchandise soit de mauvaise qualité.

Le jalap, dit *hembra*, est une racine qui affecte diverses formes et principalement celle d'une poire; il doit être pesant, et la cassure doit présenter une matière dure, brillante et résineuse.

L'odeur du jalap est nauséabonde; sa couleur extérieure est d'un brun sale et foncé.

Parfois, on rencontre dans les surons qui sont dirigés de l'intérieur vers la côte, une grande quantité de jalap hembra dont la grosseur ne dépasse pas celle d'un grain de maïs. Cette qualité dépare la marchandise; le jalap matcho qui est spongieux et léger est bien moins estimé (1).

La belle vanille, quelle qu'en soit la longueur, doit être totalement noire, onctueuse et flexible, non-seulement à la simple inspection mais à l'extrémité et à sa base qui est un peu recourbée. Dans cet état, elle se recouvre promptement d'une couche de duvet argenté qu'on nomme givreuse.

On reconnait qu'elle n'est pas assez sèche lorsqu'étant spongieuse, souple et peu ridée, les gousses présentent dans le sens longitudinal des veines grenat, et que les extrémités sont cassantes et couvertes d'une petite poussière blanche qui annonce une moisissure prochaine.

La vanille trop sèche est généralement rousse, facile à casser; l'epiderme forme des rides rapprochées dans le sens de la longueur, sans altérer la graine intérieure qui semble s'être emprégnée de la substance précédemment contenue dans l'enveloppe.

Un moyen de frauder la vanille, qu'on reconnaît aisément à la saveur, consiste à la frotter dans toutes ses parties avec de l'huile d'olive ou de la mélasse, lorsqu'elle offre un signe quelconque de non conservation, et à placer les gousses altérées au centre des massos (paquets) qui sont composés de 50 gousses.

La préparation de cette denrée présente les plus graves difficultés par suite de l'alternative dans laquelle on se trouve constamment placé, soit pour en maintenir la densité au détriment de la conservation, soit par la crainte d'une sécheresse également nuisible aux intérêts de ceux qui la préparent, et à sa qualité.

Il est à regretter qu'un nouvel usage (peut-être plus en rapport avec la destination de cet article), ait remplacé au Mexique par la vente au poids, celle qui avait eu lieu jusqu'à ce jour au *millar* (millier).

---

(1) L'encombrement d'une balle de jalap matcho égale dans l'arrimage un peu plus de deux fois celui d'une balle de jalap (liembra) du même poids.

ERRATA.

Page,	*ligne,*	*au lieu de :*	*lisez :*
10	8e (addit.)	Débarquement,	Déchargement.
15	fin de la note	Sur la zône de Tampico,	Sur la rade de Tampico.
16	27e	Est la barre,	Est la basse.
17	26e et 27e	Dans le O. 1/4 N.-O. 1/4 N.-O.	Dans le O. 1/4 N.-O.
19	10e	Son chargement,	Leur chargement.
41	20e	Barre neuve,	Basse neuve.
45	24e	Extérieurement,	Intérieurement.
46	10e	Qu'on nomme Givreuse,	Qu'on nomme Givrure.

TABLE DES MATIÈRES.

Plans ou vues.

BORDEAUX. — IMPRIMERIE DE TH. LAFARGUE, LIBRAIRE.

www.ingramcontent.com/pod-product-compliance
Ingram Content Group UK Ltd.
Pitfield, Milton Keynes, MK11 3LW, UK
UKHW022138190726
13855UKWH00003B/1223

9 782013 055246